늦깎이 농부의
사계절 일기

채희석

늦게 시작했지만,
땅은 언제나 생명을 품고 있다

서문

늦게서야 흙을 만난 농부의 길.
그러나 흙은 서두르지 않는다.

땀과 기다림, 그리고 자연의 순환 속에서
비로소 깨닫게 되는 삶의 진실이 있다.

흙은 말없이 가르쳐준다.
늦은 시작도 헛되지 않으며,
오늘의 땀이 내일의 열매가 된다는 것을.

늦깎이 농부 혜성

목차

서 문 ₀₀₂
흙과 함께 늦게 시작한 농부의 길
프롤로그 ₀₀₆

가을

성숙과 추억이 깃든 계절

겨울

고요함과 회상의 계절

프롤로그

오랜 시간 바쁜 일상, 속에 묻혀 지냈습니다.

늘 시간에 쫓기며 달려왔고, 많은 것을 이루었지만 문득 돌아보니 손에 쥔 것보다 놓친 것이 더 많았습니다. 이제 75세 황혼기에, 작은 농원을 가꾸며 비로소 자연의 흐름 속에서 새로운 삶을 배우기 시작했습니다.

아침마다 새소리를 들으며 하루를 열고, 해가 저물 때면 땅 냄새를 맡으며 하루를 정리하는 삶. 거창한 성공을 꿈꾸기보다, 눈앞에서 자라나는 작은 새싹을 보며 기뻐하고, 땀 흘려 키운 작물이 누군가의 밥상 위에 오를 걸 생각하며 뿌듯해하는 시간 들 이제야 알았습니다.

삶이란 바쁘게 앞만 보고 달리는 것이 아니라, 제자리에서 계절의 변화를 느끼고 자연이 가르쳐주는 순리에 귀 기울이는 것임을. 봄에는 씨를 뿌리며 희망을 품고, 여름에는 뜨거운 태양 아래 땀을 흘리며 성장의 기쁨을 맛보았습니다.

가을이 되면 황금빛 들녘을 바라보며 수확의 보람을 느꼈고, 겨울에는 쉼과 사색 속에서 지나온 길을 되돌아 보았습니다. 이제 나의 삶도 어느덧 늦가을을 지나 겨울의 문턱에 서 있습니다. 그러나 겨울이 끝이 아님을 알기에, 이 계절 또한 고요한 평온 속에서 묵묵히 받아들이고자 합니다.

이 책에 담긴 글들은 단순한 농사일의 기록이 아닙니다. 흙을 만지며 깨달은 삶의 진리, 바람에 실려 온 추억의 조각들, 그리고 나이가 들어서야 비로소 가슴 깊이 새기게 된 삶의 의미들이 스며 있습니다.

때로는 한 장의 낙엽을 보며 지난날을 떠올렸고, 때로는 바람에 흔들리는 벼 이삭을 보며 인생의 무게를 생각했습니다. 이 모든, 감정들이 차곡차곡 쌓여 한 편 한 편의 글이 되었습니다. 이제 이 글들이 당신의 마음에 작은 울림이 되기를 바랍니다. 바쁜 하루 속에서도 잠시 멈춰 서서 하늘을 바라보는 순간이 있기를, 자연의 작은 변화 속에서 삶의 의미를 발견하는 시간이 있기를 바랍니다.

이 책을 읽는 동안, 당신도 한 번쯤은 흙을 만져보고 싶어질지도 모릅니다. 때로는 바람이 전하는 이야기에 귀를 기울이고, 때로는 눈앞의 꽃 한 송이를 오랫동안 바라보며 미소 짓는 순간을 만나게 되기를 바랍니다. 삶은 결코 서두른다고 완성되는 것이 아닙니다. 씨앗이 뿌리를 내리고, 잎을 틔우고, 꽃을 피우고 열매를 맺기까지 자연은 한 치의 조급함도 없이 그 흐름을 따라갑니다. 우리의 삶도 마찬가지 아닐까요? 어느 계절이든, 우리는 각자의 자리에서 살아갑니다. 그 자리에서 들려오는 당신만의 노래가 있기를 바랍니다. 그리고 그 노래가, 이 책을 읽는 당신과 조용히 공명할 수 있기를 소망합니다.

- 늦깎이 농부, 흙과 바람을 사랑하는 한 사람으로부터

2025년 11월

늦깎이 농부 혜성

봄

새싹이 돋고 희망이 가득한 계절

1. 늦깎이 농부의 봄맞이

겨울이 가고
바람이 누그러지면
땅은 조용히 깨어난다.

묵은 흙을 갈아엎으며
나는 또 한 해를 준비한다.

언덕배기 개나리꽃이 피면
사람들은 봄이 왔다 말하지만
농부의 봄은 그보다 먼저다.

씨앗을 쥔 손끝에서
새 계절이 시작된다.

땅을 일구고 하늘을 보며
나는 서두르지 않는다.

겨울을 견딘 흙처럼
기다릴 줄 아는 법을 배운다.

올해도 개나리가 피었다.
그리고 나는 다시 씨를 뿌린다.
늦깎이 농부의 봄,
그 속에서 희망이 자란다.

늦깎이 농부 혜성의 말

사람들이 꽃을 보고 봄을 말할 때, 나는 흙을 갈고 씨앗을 쥐며 봄을 맞습니다.
농부의 봄은 들꽃보다 먼저, 땀과 기다림 속에서 시작됩니다. 늦게서야 농부가 되
었지만, 흙은 나를 기다려 주었고, 나는 그 속에서 희망을 배우며 살아갑니다.

2. 바람이 전하는 봄

　겨울은 늘 길고 고단했다. 칼바람에 얼어붙은 땅은 마치 모든 생명이 사라진 듯 침묵했고, 나 또한 그 침묵 속에서 긴 기다림을 이어야 했다. 그러나 세월이 가르쳐 준 것은 분명했다. 겨울이 아무리 매섭고 길어도, 봄은 반드시 찾아온다는 것이다. 이제 칠십을 훌쩍 넘긴 나이, 내 삶의 봄도 저 대지처럼 다시 깨어나기를 간절히 바란다. 밭고랑 사이로 스며 드는 바람은 여전히 차갑지만, 그 속에 담긴 온기는 나를 일으켜 세운다. 뺨을 스치는 공기에는 겨울의 흔적과 봄의 기운이 함께 깃들어 있다. 그 것은 마치 내 인생을 닮았다. 젊은 날의 뜨거움은 이미 지나갔고, 수많은 고난과 무게가 내 어깨 위에 내려앉았지만, 아직 남은 따뜻한 희망이 내 안에서 작게나마 숨 쉬고 있다.

　나는 이른 아침, 삽을 들고 텃밭으로 향한다. 발걸음은 느리지만, 그 안에는 서두름이 없다. 일흔다섯 해를 살며 배운 것은, 모든 것은 기다림 속에서 이루어진다는 사실이다. 땅은 농부의 조급함을 받아주지 않는 다. 대신 묵묵히 품어주고, 때가 되면 생명을 내어준다. 씨앗 하나를 뿌리며 나는 다시 묻는다. "나의 삶에도 아직 꽃이 피어날 수 있을까?" 씨앗은 대답하지 않는다. 그러나 흙 속에서, 어둠을 견디며 때를 기다리는 그 고요가 이미 답이다. 나 역시 긴 세월을 돌아 여기까지 왔다. 실패도, 아픔도, 기쁨도 흙처럼 켜켜이 쌓였다. 그것들이 나를 늦깎이 농부로 만들었고, 이 작은 밭이 내 인생의 거울이 되었다.

　언덕배기 개나리가 꽃망울을 터뜨리면 사람들은 봄이 왔다고 말한다. 하지만 농부의 봄은 그보다 먼저, 씨앗을 쥔 손끝에서 시작된다. 땅을 갈고, 고랑을 만들고, 조심스레 씨앗을 내려놓는 순간, 이미 내 마음엔 봄이 피어난다. 봄은 달력의 계절이 아니라, 희망을 심는 행위 그 자체다. 내 나이 일흔다섯, 사람들은 황혼이라 말하지만, 나는 여전히 밭에서 새벽을 맞는다. 늦게 핀 삶이라 해도, 흙은 나를 외면하지 않는다. 땀과 기다림 속에서 나는 아직 배운다. 겨울을 견딘 흙이 단단해지듯, 나 또한 지난 세월 속에서 더 단단해졌다. 그래서 오늘 심은 씨앗이 내일 푸른 들판이 되리라 믿는다. 봄은 약속이다. 아무리 추운 겨울이 찾아와도 반드시 다시 시작할 수 있다는 약속. 꽃이 지고 열매가 떨어져도 다시 뿌리 내리고 되살아나는 약속. 나는 이 약속을 믿기에 다시 흙을 만진다. 작은 씨앗 하나에 내 희망을 맡기고, 내 삶 또한 새로운 계절을 꿈꾼다.

바람이 전하는 봄을 가슴 깊이 들이마시며 나는 오늘도 속삭인다. "아직 늦지 않았다. 오늘 내가 뿌린 씨앗처럼, 내 삶도 다시 꽃필 수 있다."

늦깎이 농부 혜성의 말

봄은 달력에서 오는 것이 아니라 씨앗을 쥔 손끝에서 먼저 시작된다. 늦게 농부의 길에 들어섰지만, 흙은 내게 기다림과 희망을 가르쳐 주었다. 올해도 씨앗을 뿌리며 믿는다. 겨울이 아무리 길어도 봄은 반드시 다시 찾아온다는 것을.

3. 새싹이 들려준 이야기

늦깎이 농부가
조심스레 씨앗을 심었다.
부드럽게 흙을 다독이며
새벽이슬처럼 물을 주었다.

어둠 속 작은 씨앗들,
"우린 언제쯤 해를 만날까?"
"조금만 더 기다려, 바람이 우리를 부를 거야."

차가운 밤이 지나고,
흙 속에서 작은 떨림이 일었다.
한 줄기 빛이 내리쬘 때,
새싹 하나가 조용히 얼굴을 내민다.

"와! 드디어 해를 만났어!"
연둣빛 몸을 흔들며,
바람 따라 속삭인다.
"이제 우리는, 함께 자라날 거야."

늦깎이 농부 혜성의 말

작은 씨앗이 싹을 틔우는 순간은 인내와 기다림 끝에 찾아오는 희망이다.
새싹은 자연과 함께 살아가는 농부의 삶, 그리고 함께 자라나는 공동체의 의미를
전해준다.

4. 땅속에서 들려오는 소리

나는 조용히 귀를 기울인다.
흙 속 어디선가 들려오는 소리,
보이지 않지만 분명한 움직임.

씨앗이 흙을 밀어내며 속삭인다.
"조금만 더, 조금만 더 기다려."
뿌리는 천천히 깊어지고,
마른 땅은 빗물을 머금으며 숨을 쉰다.

바람이, 불어도, 비가 내려도
땅속의 생명은 쉬지 않는다.
급할 것 없이, 조용히,
한 걸음씩, 한 뼘씩 자라난다.

나는 기다린다.
보이지 않는 곳에서도
자라는 것들이 있음을 알기에.
오늘도 흙 위에 서서
땅속에서 들려오는 소리를 듣는다.
언젠가 이 땅이 응답할 날을 믿으며.

늦깎이 농부 혜성의 말

씨앗은 흙 속에서 조용히 자라며 언젠가 땅 위로 올라올 날을 기다린다.
나는 보이지 않아도 믿는다. 뿌리가 내리고, 새싹이 움트는 그 느린 기적을. 농부
의 삶도 이와 같다. 눈에 보이지 않는 수고와 기다림이 결국 열매로 응답해 준다.
그래서 나는 오늘도 흙 위에 서서 조용히 그러나 흔들림 없이 기다린다.

5. 새싹의 약속

겨울이 지나고 있었다. 차가운 바람이 점점 잦아들고, 얼어붙었던 땅도 서서히 풀려가고 있었다. 나는 밭 한쪽을 바라보았다. 아직도 곳곳에 갈라진 흙덩이가 남아 있었지만, 봄이 오고 있음을 느낄 수 있었다. 그런데 그 거친 땅 사이로 작은 새싹 하나가 고개를 내밀고 있었다. 나는 조용히 그 앞에 쪼그려 앉아 흙을 만져보았다. 여전히 차가운 기운이 남아 있었지만, 그 속에서 생명이 움트고 있다는 사실이 신기했다. 마치 오랜 시간 묵묵히 기다려온 듯, 작은 새싹은 조용히 땅 위로 올라오고 있었다. 나는 나지막이 속삭였다.

"넌 언제부터 여기 있었니?" 바람이 살짝 불었고, 새싹이 흔들렸다. 마치 조용히 대답하는 듯했다. "나는 작은 씨앗에서 시작되었어요.깊은 땅속에서 오랜 시간 어둠을 견디며 기다렸지요.바람이 불고, 비가 내릴 때도 있었지만그 모든 순간이 나를 자라게 했어요."

나는 새싹을 바라보며 생각에 잠겼다. 긴 겨울을 견딘 작은 씨앗이 결국 새싹이 되어 세상으로 나왔듯, 우리도 삶의 어둠을 지나 희망을 만날 수 있지 않을까. 어려움 속에서도 포기하지 않는다면, 언젠가 우리도 빛을 향해 나아갈 수 있지 않을까. 새싹이 바람에 가볍게 흔들렸다. 그것은 마치 다시 말을 이어가는 듯했다. "때로는 비가 내리고 바람이 불겠지만,그 모든 것이 나를 더 단단하게 만들어요.그러니 너무 슬퍼하지 말아요.지금은 힘들어도, 언젠가는 당신도 꽃을 피울 거예요."

나는 조용히 미소 지었다. 흙을 뚫고 나온 작은 생명이 내게 전한 약속.그 속삭임을 가슴에 담으며, 나도 다시 한 걸음 나아가 보기로 했다.봄이 오고 있으니, 나도 다시 희망을 심어야겠다.

늦깎이 농부 혜성의 말

긴 겨울을 지나 밭고랑 사이에서 새싹 하나가 올라왔다. 차가운 땅을 뚫고 얼굴을 내민 그 작은 생명을 보니, 내 마음에도 다시 희망이 피어났다. 씨앗은 어둠 속에서도 묵묵히 기다리고, 바람과 비를 이겨내며 새싹이 된다. 그 모습은 마치 내 삶과도 닮아 있었다. 농부의 길도 힘들고 고단하지만, 결국은 열매를 맺는다. 오늘 그 새싹이 내게 말해 주었다.
"기다림은 헛되지 않아요. 언젠가 꽃을 피울 거예요."

6. 첫 꽃이 피는 순간

긴 겨울을 지나,
햇살이 부드럽게 내려앉을 때,
마침내 작은 꽃망울이 터졌다.

차가운 바람을 견디고
긴 기다림을 지나,
조용히 피어난 생명의 신호.

흙을 가꾸고,
바람을 맞으며
한 걸음씩 다가온
기적 같은 순간.

내 삶도 이렇게
다시 피어나길,
희망의 빛을 머금고 서길.
첫 꽃이 피는 날,
나는 또 한 번 꿈꾼다.
아직, 봄은 오고 있으니.

늦깎이 농부 혜성의 말

첫 꽃은 작은 피어남이 아니라, 묵묵히 견딘 시간 끝에 찾아온 보상이다.
농부의 삶도 이와 같아, 고된 기다림, 뒤에 오는 순간의 기쁨이 모든 수고를 잊게
한다. 첫 꽃이 피는 날, 나는 새봄을, 꿈꾸며 다시 흙을 만진다.

1. 파릇한 희망을 심다

늦깎이 농부가 된 지
어느덧 삼 년,
서툰 손길로 씨앗을 심던 날,
흙도 나를 낯설어했다.

거친 손마디에 묻은 흙이
이제는 내 삶의 일부가 되고,
햇살과 바람 속에서
나도 함께 자라고 있다.

하지만 문득 생각한다.
이 길의 끝은 어디쯤일까?
허리는 무겁고,
끝도 둔해졌는데.

그럼, 에도 다시, 한 번
파릇한 희망을 심는다.
마지막일지라도 괜찮다.
흙과 함께 숨 쉬었던 날들,
그것이면 충분하다.

늦깎이 농부 혜성의 말

늦게 시작한 농부의 길, 처음엔 서툴고 힘겨웠지만, 흙은 끝내 나를 품어주었습니다. 세월이 흘러 몸은 무겁고 손끝은 둔해졌어도 나는 오늘도 씨앗을 뿌립니다. 그것이 마지막일지라도 괜찮습니다. 흙과 함께 숨 쉬며 살아온 날들이 이미 내 삶의 가장 큰 선물이기 때문입니다.

8. 매화꽃 아래에서

눈 덮인 가지 끝에
가장 먼저 피어난 매화,
추운 바람 속에서도
고요히 향기를 잃지 않는구나.

젊은 날, 나도 그러했지.
거친 바람을 맞으며
흙을 일구고 씨를 뿌리며
뿌리를 놓지 않았다.

이제 황혼의 길목에서 바라보니
매화는 내 삶과 닮아있다.
추위를 견디며 피어난 꽃처럼
고된 세월도 향기로 남으리라.

오늘도 매화꽃 아래 서서
지난날을 돌아보며 속삭인다.
"나도 한때는 매화였노라."

늦깎이 농부 혜성의 말

매화는 추위 속에서도 먼저 피어난다. 그 모습은 젊은 날 땀 흘리며 살아온 내 삶을 닮았다. 세월은 흘러 몸은 늙었지만, 고된 날들도 헛되지 않았음을 매화가 알려준다. 언젠가 나의 삶도 이 꽃처럼 향기로 기억되기를 바란다.

9. 연분홍 복사꽃 아래서

늦깎이 농부가 된 나는
오늘도 과수원에 선다.

거친 손끝으로 가지를 쓰다듬으며
겨울을 이겨낸 나무에게 말을 건넨다.
앙상했던 가지 끝마다
분홍빛 복사꽃이 피어올랐다.

겨울을 견딘 나무처럼
나도 삶을 버텨왔다.
꽃잎이 흩날려도
그 자리에 열매가 맺히듯이.

손끝으로 바람을 읽고
하늘을 바라보며 기도한다.
"이 봄이 지나도,
결실은 반드시 찾아오리라."

26

늦깎이 농부 혜성의 말

겨울을 견디고 핀 복사꽃을 보며 내 삶도 그 나무와 다르지 않음을 깨닫는다. 꽃
잎은 흩날리지만, 그 자리엔 반드시 열매가 맺히듯, 내 지난 세월도 헛되지 않았
으리라 믿는다. 오늘도 바람을 읽고 하늘을 바라본다. 흙과 함께한 나의 하루가
언젠가 향기로운 결실로 돌아오기를 바라며.

10. 추억의 진달래꽃

봄이 오면 산기슭마다 붉게 물드는 진달래,
어린 날, 꽃잎을 따 입술에 물들이며
서로를 바라보던 순간이 있었다.

그때 우리 마음은 꽃잎처럼 순수했고,
봄바람에도 흔들리던 연약한 사랑이었다.
그러나 세월은 바람보다, 더 거세게 불어
우리의 길을 갈라놓았다.

이제 황혼의 길목에 서서
다시 꽃잎을 손에 쥐어본다.
어린 날의 붉은 설렘은 사라졌지만
그 향기는 여전히 내 마음에 남아 있다.

알고 있다.
진달래가 해마다 다시 피어나듯,
우리의 추억도 시들지 않고
언젠가 또 다른 봄빛으로 되살아날 것을.

늦깎이 농부 혜성의 말

진달래는 해마다 피고 지지만 그 향기는 마음속에 오래 남는다. 젊은 날의 사랑
도 사라진 듯해도 추억 속에서는 여전히 살아 있다. 꽃이 다시 피어나듯, 우리의
기억도 언젠가 또다시 피어날 것이다.

여름

열정과 생명의 기운이 넘치는 계절

II. 청춘의 계절, 여름

여름은 언제나 농부의 어깨를 무겁게 한다. 아침 해가 솟는 순간부터 저녁노을이 들녘을 물들일 때까지, 손에서 일을 놓을 틈이 없다. 작물들은 하루가 다르게 자라나고, 잡초는 그보다 더 빠르게 뻗어 나온다. 물길을 열고, 병해충을 살피며, 타들어 가는 잎들을 바라보는 순간마다 마음은 조마조마하다. 그러나 이 모든 것을 견디지 않고는 가을의 풍요를 만날 수 없다. 여름은 농부에게 고된 계절이지만 동시에 가장 희망이 깊어지는 계절이다. 나는 올해 일흔다섯, 농사로는 아직 삼 년 차에 불과한 초보 농부다. 젊은 날, 자영업을 하며 분주하게 살던 나날을 접고 이 길을 택했을 때, 많은 이들이 걱정의 눈길을 보냈다. 그러나 흙을 갈고, 작은 씨앗이 싹을 틔우는 장면을 바라볼 때마다 알 수 없는 기쁨이 내 마음을 채웠다. 늦게 시작한 농부의 길이었으나, 나는 그 길 위에서 새로운 청춘을 만났다.

여름은 내게 두 번째 청춘 같다. 땀 흘려 일하는 지금의 나를 보면, 젊은 날과 다르지 않다. 다만, 그때는 앞만 보고 달렸다면, 지금은 흙과 하늘, 바람과 햇살의 의미를 조금은 헤아릴 줄 알게 되었다. 햇볕 아래 쏟아지는 땀방울 하나하나가 단순히 노동의 흔적이 아니라, 내 남은 생을 단단하게 다져주는 기둥이 된다. 이 계절은 언제나 예기치 못한 시련을 안겨준다. 갑작. 스런 소나기, 끝없이 이어지는 가뭄, 눈에 보이지 않게 스며드는 병해충. 그런 날이면 여전히 나는 초보 농부임을 실감한다. 그러나 포기하지 않는다. 땅은 결국 정직하게 응답하기 때문이다. 기다리고 견디는 것, 그것이 농부의 길이며 또한 인생의 진리다.

나는 안다. 이 뜨거운 여름을 견디지 않고서는 풍성한 가을을 만날 수 없음을. 흙 위에 흘린 땀방울이 언젠가 값진 열매로 돌아오듯, 인생 또한 고난과 시련의 시간을 지나야만 비로소 성숙해진다. 여름 들판에 서 있는 지금, 나는 나의 청춘을 다시 떠올린다.
젊은 날의 청춘은 불완전했고 서툴렀다. 그러나 지금의 농부로서의 청춘은 조금 더 느리고 단단하다. 허리는 무겁고 손끝은 둔해졌지만, 그만큼 더 깊이 기다릴 줄 알게 되었다. 여름은 청춘의 계절이다. 끝없는 시행착오 속에서 배우고, 쓰러지며 다시 일어서고, 고단하지만 희망을 버리지 않는 시간이다. 내 삶의 황혼 속에서도, 여름은 여전히 나를 청춘으로 이끈다. 오늘도 나는 이 땅 위에서 파릇한 희망을 심는다. 여름 햇살 아래에서 땀 흘리는 늦깎이 농부의 하루는, 인생의 마지막까지도 포기하지 않는 청춘의 증거다.

  그리고 나는 안다. 이 뜨거운 계절을 끝내 잘 버틴다면, 언젠가 반드시 풍요로운 결실이 찾아오리라는 것을

늦깎이 농부 혜성의 말

여름은 힘겹지만, 그 속에 희망이 숨어 있다. 땀 흘린 자리마다 언젠가 결실이 맺히리라 믿으며, 나는 오늘도 묵묵히 흙을 일군다.

12. 백합의 노래

밭 한쪽, 바람이 드나드는 자리에
고운 흙을 골라 백합을 심었다.
그 꽃은 열매를 맺지 않는다 해도,
나는 그 존재만으로 귀하게 여긴다.

비바람에도 흔들리지 않고,
제 속도로 꽃을 피워내는 너.
나는 네 모습을 바라보며 배운다.
조급하지 않게, 묵묵하게,
결국 스스로의 때를 기다리는 법을.

햇살 아래 곧게 선 꽃대 위로
순결한 꽃잎이 열릴 때,
나는 그 앞에서 땀방울을 닦으며 생각한다.
흙을 믿고 기다리면
꽃도, 삶도 언젠가는 피어난다는 것을.

오늘도 나는 땅을 고르고 씨앗을 묻는다.
백합처럼 흔들림 없는 마음으로,
이 밭에 언젠가 희망의 꽃이 만발할 날을 그리며.

백합은 말없이 서 있지만
그 고요한 모습 속에
내 삶을 향한 위로와 가르침이 숨어 있다.
그리고 나는 안다.
내 늦깎이 농부의 길 위에도
언젠가 백합처럼 맑은 희망이 피어나리라는 것을.

늦깎이 농부 혜성의 말

백합은 열매를 맺지 않아도 그 자체로 귀하다. 흙을 믿고 묵묵히 기다리면,
꽃도 삶도 언젠가 피어난다.

13. 장맛비가 지나간 자리

장맛비가 스쳐간 들판,
젖은 흙내가 가슴 깊이 스며든다.
쓰러진 줄기와 고개 숙인 작물들,
그러나 뿌리만은 여전히 땅을 움켜쥐고 있다.

흙탕물 속에서도 새순은 길을 찾아 돋아나고,
어둠을 뚫고 희망은 다시 땅 위로 오른다.

바람에 흔들리고, 빗물에 젖어도,
농부의 손길이 닿는 자리마다
푸른 생명은 다시 일어난다.

비가 걷히면 햇살이 들고,
젖은 마음마저 서서히 말라간다.
무너진 것 같던 시간 위에도
새 희망은 조용히 뿌리를 내린다.

장맛비가 지나간 자리,
더 단단해진 흙 위에
나는 다시 서 있다.

늦깎이 농부 혜성의 말

장맛비에 쓰러진 작물들을 바라보며 한순간 마음도 젖었지만, 뿌리가 살아 있다
는 사실에서 다시 힘을 얻었습니다. 비가 지나가면 흙은 더 단단해지고, 작물도,
나도 다시 일어섭니다. 농부의 길은 언제나 기다림과 믿음 위에 서 있음을 저는
오늘 또 배웁니다.

14. 땀방울 속에 피어난 열매

이른 새벽, 아직 해가 채 오르지 않은 시간에 나는 밭으로 향한다. 차갑게 맺힌 이슬과 촉촉한 흙냄새가 발끝을 감싸고, 굳은살, 박힌 손길이 닿는 자리마다 작은 싹들이 고개를 내민다. 세월 속에서 늦게 시작한 농부의 길이지만, 흙은 묵묵히 나를 받아주었고, 오늘도 나는 그 품 안에서 하루를 연다. 태양이 머리 위로 오르면 땀방울은 끊임없이 흐른다. 굽은 허리는 무겁고 손마디는 거칠지만, 그 고단함 속에서 나는 인내를 심는다.

비바람이 몰아쳐도 꺾이지 않는 푸른 잎새처럼, 농부의 삶 또한 거센 세월에도 꺾이지 않고 서 있다. 자연은 끊임없이 시험을 던지지만, 나는 그 속에서 견디는 법을 배운다. 그것은 단순한 노동이 아니라 삶의 훈련이며, 내 영혼을 단단하게 빚어내는 과정이다. 기다림 끝에 가지마다 열린 열매들은 고개를 숙인다. 무거운 열매를 이고 있는 가지를 바라보며 나는 겸손을 배운다. 열매는 땅의 선물일 뿐 아니라, 나의 땀과 기도의 대답이다. 손끝에 전해지는 따스한 온기를 느끼며 나는 지난 나날들을 떠올린다. 흙을 갈고, 씨를 뿌리고, 비를 맞으며 기다렸던 모든 시간이 이 작은 결실 속에 녹아 있다. 그러나 그 열매는 단순히 나를 위한 것이 아니다.

누군가의 식탁을 채우고, 또 다른 삶을 이어주는 양식이 된다. 나는 비로소 깨닫는다. 농부의 수고는 나 자신만의 몫이 아니라, 세상을 살아가는 많은 이들의 생명을 지탱하는 뿌리라는 것을. 그래서 한 알의 곡식, 한 개의 열매 앞에서 나는 더욱 겸허해진다. 땀과 흙이 빚어낸 이 기적 앞에서 나는 다시 씨를 뿌린다. 오늘 거둔 결실이 내일 사라진다 해도, 흙과 함께한 날들이 이미 내 삶을 가득 채우고 있음을 알기 때문이다. 농부의 길은 끝이 있는 수확이 아니라, 끊임없는 순환이며, 자연과 맺은 약속이다. 늦깎이로 시작한 농부의 삶은 나에게 깊은 깨달음을 준다. 삶은 빠름이 중요한 것이 아니라, 얼마나 묵묵히 견디고, 얼마나 성실히 흙을 품었는가에 달려 있다는 것. 열매는 결국 사라지지만, 그 열매를 키워 낸 과정은 내 안에 남아 나를 더욱 단단하게 만든다.

오늘도 나는 밭에 서서 속삭인다. "열매는 사라져도, 농부의 길은 계속된다." 그 길 위에서 나는 여전히 배우고, 여전히 감사하며, 여전히 희망을 심는다. 땀방울 속에 피어난 열매는 단순한 곡식이 아니라, 나의 삶과 철학이 담긴 또 하나의 시이자 기도이다.

늦깎이 농부 혜성의 말

젊을 땐 몰랐습니다. 열매는 가을에 얻는 게 아니라 땀 흘린 모든 날에 걸쳐 익어 간다는 것을. 늦게 밭에 들어섰지만, 흙은 나를 탓하지 않았고 나는 이제야 기다림의 값어치를 압니다. 오늘 거둔 열매가 사라져도 괜찮습니다. 다시 씨를 뿌릴 힘이 남아 있는 한 농부의 삶은 끝나지 않습니다.

15. 매미 소리에 담긴 여름의 이야기

햇살보다 먼저
밭으로 가는 발걸음
쉼 없이 들려오는
매미의 노래가 반겨주네

땀방울이 흙에 스며들고
호미질에 손이 굳어가도
매미처럼 나도 울고 싶던
그 여름의 무게를 안다.

삼 년이 지나도 나는
여전히 배우는 농부
기다림 속에 자라는 것들
인내로 맺히는 열매들

여름이 가면 가을이 오고
매미는 울다 사라지지만
흙을 품은 나는 오늘도
새로운 계절을 살아간다.

늦깎이 농부 혜성의 말

여름 내내 울어대던 매미 소리처럼 나 역시 흙 위에서 쉼 없이 살아왔습니다. 땀은 흙에 스며들고, 손은 거칠어, 졌지만 그 속에서 나는 인내와 기다림을 배웠습니다. 매미는 짧은 여름을 살다 사라지지만 농부의 길은 계절을 넘어, 이어집니다. 나는 오늘도 그 길 위에서 흙과 함께 새로운 계절을 맞습니다.

16.푸른 들판, 생명의 춤

초여름의 들판에 서면 온몸으로 생명의 숨결이 스며든다.
봄의 연둣빛은 어느새 짙은 녹음으로 바뀌었고, 바람이 불면 이랑마다 초록빛 물결이 춤추듯 일렁인다. 그 춤은 농부의 손길이 아닌, 자연이 주관하는 무대다. 봄날 나는 흙을 갈고 씨앗을 심으며 하루에도 몇 번씩 밭고랑을 오갔다. 가뭄이 오지 않을까 노심초사했고, 싹이 트지 않을까 애태웠다. 그러나 지금 작물들은 내 손길을 벗어나 저마다의 방식으로 자라고 있다. 햇살을 머금고, 바람을 이겨내며, 뿌리를 깊이 내린다. 마치 부모 곁을 떠나 스스로의 길을 가는 자식들처럼, 이제는 내 걱정보다 자연의 힘 속에서 자라난다.

새벽에는 이슬이 반짝이고, 한낮의 뜨거운 햇살 아래서도 작물은 묵묵히 자리를 지킨다. 거센 바람이 잎을 흔들어도 쉽게 꺾이지 않는다. 나는 그 모습에서 배운다. 생명은 가르치지 않아도 스스로 길을 찾고, 돌봄 없이도 제 몫을 다한다는 것을. 늦깎이 농부가 된 지 몇 해, 나는 이제야 알았다. 내가 생명을 키운다고 믿었지만, 사실은 흙과 바람과 햇살이 그것을 가능하게 했다. 농부의 일은 생명을 만드는 일이 아니라, 기다리고 지켜보는 일이라는 것을.

이른 새벽닭 울음에 일어나 밭에 서는 일이 나의 일상이다. 호미를 들고 잡초를 매며 땀 흘리기도 하지만, 더 많은 시간은 그저 바라보고 기다리는 일이다. 바람이 전하는 소리에 귀를 기울이고, 하늘을 올려다보며 구름의 흐름을 따라간다. 들판은 늘 나보다 지혜로워, 계절마다 다른 방식으로 인내와 겸손을 가르쳐 준다. 푸른 들판에서 나는 웃는다. 내 손끝에서 시작된 작은 씨앗이 이제는 자연의 품에서 자기만의 춤을 추고 있기 때문이다. 그것은 생명의 춤이자, 나를 가르치는 노래다.

나는 깨닫는다. 농부의 삶이란 결국 흙을 통해 배운 기다림과, 자연이 일깨워 준 겸손을 품고 살아가는 일이라는 것을. 그래서 오늘도 들판은 나의 스승이고, 나는 그 속에서 또 하나의 계절을 배운다.

　푸른 들판의 춤은 멈추지 않는다. 생명의 춤은 계속되고, 그 춤을 바라보며 나의 늦깎이 삶 또한 오늘도 자라난다.

늦깎이 농부 혜성의 말

나는 씨앗을 심었을 뿐, 자라게 한 것은 흙과 바람, 햇살이었다. 푸른 들판은 오늘도 나에게 말한다. "농부여, 너무 애쓰지 말라. 생명은 스스로의 길을 간다." 그래서 나는 이제, 돌보는 대신 기다리고, 걱정하는 대신 바라본다. 그 속에서 배우는 것은 겸손과 감사다.

11. 수확을 기다리며

노을이 내린 들판에 황금빛 벼가 고개를 숙인다. 바람이 스쳐갈 때마다 이삭들이 출렁이며 작은 파도처럼 흔들린다. 그 물결을 바라보는 순간, 나는 마음 깊은 곳에서 오래된 설렘을 느낀다. 땀 흘려 심은 작은 씨앗이 흙 속에서 자라, 바람을 견디고, 비를 머금으며 마침내 이 계절에 이르렀기 때문이다.

농부의 삶은 기다림의 연속이다. 씨앗을 심을 때는 봄을 믿고, 싹이 돋을 때는 여름을 바라며, 이삭이 패는 날에는 가을을 꿈꾼다. 그 모든 계절 속에서 농부는 흙의 침묵과 바람의 언어를 배우고, 비가 들려주는 가르침을 받아들인다. 결실은 언제나 단번에 오는 법이 없었다. 긴 시간의 견딤과 인내가 쌓여야만 비로소 곡식의 무게가 완성된다.

나는 종종 벼 이삭을 손끝으로 쓸어본다. 거칠고 묵직한 알갱이 속에는 내 땀과 바람과 비가 고스란히 스며 있다. 이 결실은 내 손의 수고만이 아닌, 자연과 함께 지은 작품이다. 그래서 수확은 언제나 겸손을 가르친다. 아무리 애써도 마지막 열매는 결국 자연이 허락할 때에만 가능하기 때문이다. 들판에 서서 나는 생각한다. 인생 또한 이와 다르지 않음을. 땀 흘린 만큼 결실을 맺기도 하지만, 많은 순간은 흙처럼 묵묵히 기다려야 하고, 바람처럼 흔들림을 견뎌야 하며, 비처럼 뜻하지 않은 시련을 받아들여야 한다. 그 긴 과정을 통과한 뒤에야 비로소 삶의 열매가 무르익는다.

오늘 노을빛에 물든 황금 들판은 내게 또 한 번의 가르침을 준다. 고개 숙인 벼처럼 나 또한 겸손히 이 땅에 서야 한다는 것. 땀방울 속에 깃든 은혜와 기다림의 결실에 감사해야 한다는 것. 그래서 나는 지금도 조용히 기도한다. "올해의 결실이 무르익듯, 내 삶 또한 감사와 겸손의 열매를 맺게 하소서."

늦깎이 농부 혜성의 말

수확은 내 힘만으로 이루어지지 않았다. 씨앗을 키운 것은 흙과 바람, 그리고 비였다. 나는 다만 기다리고, 지켜보았을 뿐이다. 그래서 오늘의 열매는 감사요, 겸손의 선물이다.

18. 꽃 따는 늦깎이 농부

이른 아침, 햇살보다 먼저 깨어
노란 금화규 꽃밭으로 발길을 옮깁니다.
밤새 피어난 꽃잎 위엔 이슬이 반짝이고
내 마음도 그 위에 살포시 얹혀 있습니다.

한 송이, 또 한 송이,
손끝에 전해지는 생명의 온기.
하루 수백 송이 꽃을 따며
나는 오늘도 감사의 하루를 엮습니다.

갓 딴 꽃은 차로 우러
내 안의 고단함을 덥히고,
어떤 꽃은 바람결에 말려
겨울의 긴 밤을 위한 약속이 됩니다.

가끔은
소중한 이들에게 햇살 한 줌 나누듯
꽃을 담아 보냅니다.
삶을 나누는 기쁨이
이 늦깎이 농부의 보람입니다.

젊은 날 못다 핀 꿈도
이 꽃밭에서 다시 피어나고,
자연과 함께 호흡하며
나는 오늘을 가장 아름답게 살아갑니다.
노란 꽃잎처럼,
내 늦은 삶도
매일 아침 새롭게 피어납니다.

늦깎이 농부 혜성의 말

새벽에 피는 꽃처럼 내 삶도 다시 시작된다. 꽃 한 송이는 노동이 아니라 감사로
엮은 하루이고, 나눔은 내 삶의 기쁨이며 늦게 핀 꿈도 다시 피어난다.

19. 파리고추 한 봉지 나눔

올해 농사는 쉽지 않았다
잎은 시들고 꽃은 맺히지 않아
하루하루 밭머리에서
노심초사 마음을 졸였다.

그러다 계절 끝자락,
늦게서야 주렁주렁 매달린 초록빛
땀방울로 키운 결실 앞에
안도의 숨과 함께 감사가 번졌다.

작은 봉지에 담아
한 봉지, 또 한 봉지
생각나는 이웃에게 건네니
돌아오는 길, 내 마음이 가벼웠다.

나눔은 이유가 필요 없었다
그냥, 마음이 닿는 대로
초록빛 열매 하나에도
사람과 사람을 잇는 다리가 놓였다.

늦깎이 농부 혜성의 말

농부의 결실은 혼자만의 것이 아니다. 작은 고추 한 봉지에도 함께 웃는 마음이 담겨 있다.

20. 시냇물 위에 머문 여름의 기억

여름비가 촉촉이 내리면, 나는 어느새 논이 아니라 기억 속 시냇가를 먼저 바라보게 된다. 빗물이 논두렁을 적시며 고랑 사이를 흐르고, 개울은 비를 머금고 힘차게 불어난다. 지금은 물길이 세지지 않았는지 살피고 배수로를 정돈해야 할 농부의 자리이지만, 빗소리를 듣다 보면 마음은 슬며시 과거로 흘러간다. 초등학교 시절, 빗방울이 지붕을 두드리기 시작하면 가슴부터 뛰곤 했다. 어느 오후, 마침 짝꿍이던 여자아이와 함께 학교 문을 나서자마자 우리는 눈빛만 주고받고 가방을 내팽개치듯 던졌다. 신발은 손에 들고, 맨발로 흙길을 달려 시냇가로 향했다. 소나기가 퍼붓는 와중에도 우리는 겁이 없었다. 빗속에서 흐르는 물줄기 위를 달리고, 돌 위를 뛰어넘으며 물보라를 일으켰다.

"누가 더 멀리 물수제비 튀기나 보자!" 우리는 키득거리며 돌멩이를 던졌고, 튀는 물결에 빗방울까지 섞여 춤을 추었다. 옷은 어느새 흠뻑 젖었고, 발목엔 흙탕물이 튀었다. 그래도 미련 없이 마을 어귀의 마른 나무 아래로 뛰어들어 깔깔 웃으며 옷을 비틀어 짰다. 짝꿍은 젖은 머리를 넘기며 "우리 들키면 끝장이다" 라고 중얼거렸고, 나는 물에 젖은 손바닥으로 장난을 치며 더 웃었다. 젖은 웃음이었지만, 마음만큼은 그 어떤 햇살보다 환했다. 하지만 우리의 비밀놀이는 오래가지 않았다.

"거기서 뭐 하니?" 빗소리에 묻혀 미처 듣지 못했던 목소리가 불쑥 등 뒤에서 떨어졌다. 고개를 돌리자 부모님이 서 계셨다. 그 순간, 짝꿍의 두 볼은 잘 익은 홍시처럼 붉어졌고, 내 얼굴도 따라 홍당무가 되었다. 젖은 옷보다도 더 뜨겁게, 온기가 볼 위에 피어올랐다. 꾸중은 피할 수 없었지만, 집에 돌아가는 길엔 우산 하나를 두 사람이 나눠 썼고, 그 젖은 침묵조차 즐거운 비밀처럼 느껴졌다. 그날을 잊은 적이 없다. 젖은 옷자락을 짜내던 손끝의 감촉, 짝꿍이 비에 젖은 앞머릴 털며 짓던 웃음, 꾸중보다 먼저 씌워졌던 우산의 온기. 세월이 흘러 지금은 농부가 되어 비가 오면 논의 숨결부터 살펴야 하지만, 마음 한켠엔 여전히 시냇물 따라 뛰놀던 그 아이가 살고 있다. 빗물이 고랑을 타고 흐르면, 나는 잠시 괭이질을 멈추고 귓가의 소리를 듣는다. 어느 틈엔가 빗방울이 시냇물을 두드리며 어린 날의 멜로디를 다시 불러낸다.

오늘도 여름비가 논두렁을 적시고, 시냇물은 조심스럽지만 끊임없이 흐른다. 나는 장화를 신고 서 있으면서도, 물수제비를 던지던 그때의 맨발을 떠올린다. 짝꿍이 물을 튀기며 달리던 모습과, 들켜 얼굴이 빨개지던 순간이 불현듯 스쳐 지나간다. 땅은 젖고 풀은 눕지만, 그 여름의 기억은 지금도 내 마음속에서 환하게 살아 흐른다. 비가 오면 나는 웃는다. 시냇물 따라 흐르던, 그날의 노래가 아직도 내 가슴속에서 조용히 흘러가고 있으니까.

늦깎이 농부 혜성의 말

비가 오면 논을 먼저 살피지만, 마음은 먼저 시냇가로 간다.
젖은 발, 젖은 웃음, 홍당무 같던 얼굴까지 그 시절이 아직도 나를 웃게 한다.

가을

성숙과 추억이 깃든 계절

21. 수확의 계절에 서서

가을은 소리 없이 다가온다. 아침 공기가 어느 날 문득 서늘해지고, 들녘의 빛깔이 옅은 초록에서 황금빛으로 번져갈 때야 비로소 계절이 자리를 바꾼 줄 알게 된다. 곡식은 제 몫을 다한 듯 고개를 숙이고, 나뭇잎조차 색을 갈아입으며 천천히 계절의 문을 연다. 들판에 서 있으면 바람 냄새부터 달라진다. 여름의 짙고 푸른 향이 사라지고, 햇볕에 데워진 볏짚과 마른 흙, 거기에 약간의 이별 냄새가 섞여 코끝을 스친다. 이상하게도 그 냄새를 맡으면 마음은 시원해지면서도 묘하게 따뜻해진다.

수확의 계절이 오면 농부의 눈빛은 달라진다. 봄날 씨앗을 심던 손길, 여름의 땀방울, 폭우와 가뭄 앞에서 조마조마했던 마음들이 한꺼번에 되살아난다. 누군가에게는 황금빛 들판이 한 폭의 풍경일지 몰라도, 농부에게는 그 사이사이에 박힌 날과 밤, 기도와 근심, 웃음과 인내가 함께 누워 있다. 곡식이 여문다는 것은 땅이 응답해 주었다는 뜻이고, 기다림이 헛되지 않았다는 증거다.

예전에는 수확을 앞두고 늘 마음이 조급했다. 조금이라도 더, 조금이라도 일찍, 더 알차게 거두고 싶은 마음에 하늘과 바람의 눈치를 봤다. 그러나 세월이 지나고 나니 알겠다. 곡식은 욕심이 아니라 시간으로 여문다는 것을. 농부가 할 수 있는 일은 정성을 다해 돌보고, 마지막엔 천천히 기다리는 것뿐이라는 것을. 이 기다림의 태도는 어느덧 나이 든 내 삶과도 닮아 있다.

인생에도 가을은 찾아온다. 젊은 날엔 심느라 바빴고, 한창때는 주저앉을 틈도 없이 매달렸다. 하지만 나이가 들어서야 비로소 알게 된다. 인생의 열매는 내 의지만으로 익지 않는다는 것을. 누군가는 이미 많이 거두었을지도 모르고, 누군가는 아직 무르익는 중일지 모른다. 그러나 그 어느 때라도 가을은 온다. 그리고 수확의 계절은 각자의 속도로 도착한다.

들판에 선 나는 가끔 곡식에게 말을 건넨다. "올해는 너도 고생이 많았다. 나도 그랬다." 고개 숙인 이삭들은 마치 그 말에 조용히 답하는 것만 같다. 땅속에 숨은 뿌리, 꺾이지 않으려 버텨온 줄기, 제 자리를 지킨 잎사귀들 모두가 한 생애를 통과해 이 계절에 이르렀다. 그것은 노동의 시간이면서도, 자연과의, 약속이 이루어지는 순간이다.

나는 가을이 되면 한 가지 마음가짐을 되새긴다. 수확은 기쁨이 아니라 감사로 받아야 한다는 것. 내가 키운 것이 아니라, 흙이 품어준 것이며, 내가 만든 것이 아니라 계절이 이룬 결실이라는 것을. 그래서 곡식을 베어낼 때마다 고개 숙이는 것은 벼만이 아니라 나 자신이기도 하다.

이제는 안다. 풍요는 양이 아니라 마음의 상태라는 것을. 밭에서 거두는 것은 곡식이지만, 가슴에서 거두는 것은 세월의 의미다. 젊은 날엔 지나쳐버린 실패도, 돌아보지 못한 희망도, 어느덧 낟알처럼 여문 채 묵묵히 남는다.

황금빛 이삭이 흔들리는 오후, 나는 바람 따라 덤덤히 웃는다. 언젠가 나 역시 이 들판처럼 고개 숙이는 날이 올 것이다. 그때 나는 내 삶의 볏단을 조용히 묶으며 이렇게 말하고 싶다.

"서두르지 않았고, 버티었고, 기다렸으니 이것으로 충분하다."
가을은 그렇게 인생을 닮은 계절이다. 곡식이 여물 듯 마음도 여물고, 들판이 비워지듯 욕심도 비워진다. 그리고 남은 자리엔, 또 다른 계절을 준비할 온기가 조용히 내려앉는다.

늦깎이 농부 혜성의 말

봄엔 씨앗을 믿었고,
여름엔 땀을 믿었지만,
가을이 되니 흙을 믿게 된다.
수확은 내 힘이 아니라 기다림이 데려오는 선물이었다.

22. 깨끗 흰빛 아래서

밭두렁 가득 흰 꽃이 피어난다.
바람 따라 흔들리는 그 작은 꽃송이,
햇살에 눈부시게 반짝이며
한 줌의 씨앗을 품어낸다.

여린 꽃이 맺은 작은 알맹이 속에는
다시 이어질 무한한 생명이 숨어 있고,
계절은 그것을 거두어
다음 세대를 준비한다.

농부의 손길은 그저 흙을 만질 뿐이지만,
흙은 꽃을 피우고,
꽃은 씨앗을 내어주고,
씨앗은 또 다른 삶을 이어간다.

나는 그 순환을 바라보며
작은 꽃 한 송이에도 경외심을 느낀다.
흙 속에서 일어나는 기적은
언제나 겸손한 눈으로 보아야 한다.

늦깎이 농부 혜성의 말

깨꽃은 작지만 흰 빛 속에 거대한 비밀을 품고 있다. 한 알의 씨앗이 다시 밭을 채우고, 그 밭이 또 다른 생명을 길러낸다. 작은 꽃도, 작은 씨앗도 생명을 이어가는 힘을 지니고 있음을, 농부는 매일의 땀 속에서 목격한다.

23. 가을 수확의 노래

들녘 가득 황금빛 물결이 출렁이고,
곡식은 고개 숙여
한 해의 기다림을 증언한다.

굽은 허리 위로 흘러내린 땀방울이
이제는 환한 웃음으로 바뀌어,
농부의 손길마다
풍요의 기쁨이 가득 담긴다.

메마른 계절을 이겨낸 낟알 하나하나,
햇살과 바람, 비와 눈을 견디며
끝내 열매 맺은 기적이 되어
흙과 함께 노래한다.

오늘의 수확은 단순한 결실이 아니라,
기다림과 인내가 빚어낸
삶의 찬가다

늦깎이 농부 혜성의 말

가을의 수확은 기다림 끝에 맺힌 열매다. 고단한 하루 끝 농부의 노래는 땅과 함께 울려 퍼지며 풍요와 감사의 마음을 전한다.

24. 바람결에 실린 푸른 향기

새벽, 안개가 채 걷히지 않은 논두렁을 걸을 때, 나는 바람 속에서 익숙한 향기를 맡는다. 벼 이삭 사이로 스며드는 초록빛 내음, 흙냄새와 풀향이 뒤섞여 이른 아침의 공기를 채운다. 아직 이슬에 젖은 잎새들이 바람에 흔들릴 때마다 그 향기는 더 짙어지고, 나는 걸음을 멈추어 깊숙이 들이마신다. 농부에게 이 순간은 하루를 여는 기도와도 같다. 농사를 시작한 지 어느덧 세 해, 이제는 바람만 스쳐도 논의 상태를 가늠할 수 있게 되었다. 벼들이 내뿜는 푸른 향기에는 봄날 흙을 갈아엎고 씨앗을 묻던 시간, 여름날 이마를 적신 땀방울, 그리고 폭우와 가뭄을 견뎌낸 날들이 모두 스며 있다. 그것은 단순한 풀 내음이 아니라, 계절과 사람과 흙이 함께 빚어낸 생명의 호흡이다.

어린 시절, 바람은 단순히 스쳐가는 공기였다. 하지만 지금은 안다. 바람은 들판의 스승이다. 그것은 벼를 흔들며 줄기를 단단하게 하고, 구름을 몰아 비를 불러오며, 때로는 거센 태풍이 되어 모든 것을 시험한다. 그래서 바람결에 실려 오는 푸른 향기는 그저 향기가 아니라, 흙과 생명이 견뎌낸 이야기이고, 농부의 기쁨과 슬픔이 배어 있는 기록이다. 나는 눈을 감는다. 바람이 지나가며 전해주는 그 향기를 온몸으로 받는다. 흙과 벼, 그리고 계절의 시간이 한데 어우러져 만들어낸 이 푸른 향기가 몸속을 지나 마음까지 채운다. 바람이 속삭인다. "곧 가을이 올 것이다. 기다림의 시간이 헛되지 않았음을 알게 될 것이다."

이윽고 다시 발걸음을 옮기지만 마음은 가벼워진다. 농부의 하루는 흙을 일구는 노동에서 시작되지만, 그것을 지탱하는 것은 보이지 않는 약속과 기다림이다. 바람이 전해주는 푸른 향기를 곁에 두고, 나는 오늘도 다시 희망을 심는다. 그리고 안다. 언젠가 이 향기는 황금빛 들판으로, 곧 내 삶의 결실로 이어질 것임을. 바람이 지나간 자리, 논은 여전히 푸르고, 나는 그 속에서 또 하나의 계절을 배운다.

늦깎이 농부 혜성의 말

바람은 스쳐가는 공기가 아니라, 벼와 나를 함께 단단하게 만든 스승이다.
푸른 향기를 맡으며 나는 믿는다. 기다림 끝에는 반드시 결실이 온다는 것을.

25. 코스모스가 흔들릴 때

바람 불면 가녀린 줄기
좌우로 흔들려도 꺾이지 않는 꽃
길가에서도, 논두렁에서도
제 몫의 가을을 피워내네.

농부의 손길 닿지 않아도
스스로 길을 찾아 뿌리 내리고
고운 꽃잎 활짝 펼쳐
햇살 속에 가벼이 춤을 추네.

흔들린다는 것은 살아 있다는 것
바람도, 비도, 계절도 이겨낸다는 것
나도 이 밭에서 배우노라
흔들리면서도 피어나야 한다는 것을.

언젠가 나도 저 코스모스처럼
가을 하늘 아래 서 있을까
흔들려도 미소 지으며
마지막 햇살을 온몸으로 품으며.

늦깎이 농부 혜성의 말

바람은 스쳐가는 공기가 아니라, 벼와 나를 함께 단단하게 만든 스승이다.
코스모스 푸른 향기를 맡으며 나는 믿는다. 기다림 끝에는 반드시 결실이 온다는
것을.

26. 수확을 기다리는 마음

들판 위로 붉은 노을이 내리면,
고개 숙인 벼 이삭들이 바람에 일렁인다.
황금빛 물결이 파도처럼 번져 가는 풍경 속에서
나는 알게 된다. 이제 곧 거둘 시간이 다가왔음을.

세 번의 계절을 건너며
나는 흙의 인내와, 비의 자비, 바람의 엄격함을 배웠다.
기다림이 길수록 결실은 더 단단해지고,
벼알마다 스며든 것은 햇살이 아니라
내 이마를 적신 땀방울이었다.

나는 조용히 손끝으로 벼 이삭을 쓸어본다.
묵직한 생명의 무게가 전해질 때,
마음을 다잡는다.
수확은 결코 서두를 수 없는 일,
자연이 고개를 끄덕이는 순간에만
비로소 열리는 은총이다.

황금빛 들녘 앞에 서 있는 지금,
나는 또 하나의 가을을 배운다.
벼처럼 고개를 낮추어 겸손하게,
이 땅이 건네준 선물 앞에 감사하며.

그리고 나는 안다.
수확은 끝이 아니라 새로운 시작이라는 것을.
겨울의 쉼과 봄의 약속을 지나,
내 삶 또한 이 땅처럼 다시 익어가리라.

늦깎이 농부 혜성의 말

수확은 내가 만든 것이 아니라 땅과 바람, 그리고 기다림이 준 선물이다.
고개 숙인 벼처럼 나 또한 배운다. 겸손과 감사가 삶의 결실이라는 것을.

21 낙엽에 스며든 시간

바람에 밀린 낙엽 하나를 손에 올려본다.
한때는 햇살을 머금던 잎이었지만
지금은 흙 위에 조용히 내려앉아
자신의 마지막을 받아들이고 있다.

그 잎을 바라보면
단풍 아래에서 웃던 어린 날의 얼굴이 떠오른다.
햇살처럼 빛나던 짝꿍의 미소,
바람 속에서 아직도 희미하게 남아 있다.

벼 이삭이 고개 숙이며 가을을 품듯
나도 세월 따라 익어왔지만
그때의 순수함은 마음 한켠에 남아 있다.
낙엽은 사라지는 것이 아니라
흙이 되어 다시 봄을 준비한다.
그래서 떨어진 잎을 보며
나는 소멸이 아니라 순환을 생각한다.

추억도 바람처럼 흩어지지만
완전히 사라지진 않는다.
계절이 돌아오면 기억도 다시 피어난다.

바스락이는 낙엽 위를 걸으며 나는 믿는다.
지나간 것들도 언젠가
또 다른 모습으로 살아난다는 것을.

늦깎이 농부 혜성의 말

낙엽이 떨어진다고 끝이 아니다. 흙이 되어 다시 봄을 준비하듯
나의 시간도 어딘가에서 계속 자라고 있다

28. 들국화 피는 계절

가을이 깊어갈수록 들판 가장자리와 산자락에
조용히 들국화가 모습을 드러냅니다.
화려하지도, 먼저 나서지도 않지만
찬바람 스며드는 계절 끝자락에서
묵묵히 자기 꽃을 피워냅니다.

농부에게 들국화는 계절의 끝이 아니라
한 해를 정리하며 맞이하는 작은 위로입니다.
벼를 거두고 땅을 쉬게 할 무렵,
들국화는 말없이 피어나
"이제 수고를 내려놓아도 된다" 고 속삭입니다.

화려한 꽃보다 오래 남는 향기,
눈에 띄지 않지만 끝까지 버티는 생명력
들국화가 피는 이 계절은
침묵 속에서 익어가는 마음의 가을입니다.

늦깎이 농부 혜성의 말

화려한 꽃은 젊은 날에 피우고, 들국화 같은 꽃은 나이 들어 피우는 법이지.
조용히 피어나도 향은 깊고, 늦게 피어도 계절은 기다려 주더라고.

29. 바람과 함께 사는 법

갈대밭을 스치는 바람이 세월처럼 지나간다.
그 바람결에 갈대는 흔들리면서도 쉽게 꺾이지 않는다.
눈에 띄는 꽃 한 송이 피우지 않아도,
땅속 깊이 내려앉은 뿌리 하나로 묵묵히 자리를 지킨다.

차가운 바람이 스며들어도 굳이 맞서거나 저항하지 않는다.
바람의 흐름을 타며 몸을 맡기고,
흔들림 속에서 제 삶의 방식으로 서 있는 법을 배운다.

누구의 시선도 받지 않지만
갈대는 해가 지는 저녁이면
노을 아래에서 조용히 흔들리며
마치 오래된 노래처럼 숨결을 남긴다.

흔들린다는 것은 부러지는 것이 아니었다.
무너지지 않고 흔들릴 줄 아는 것이
오히려 오래 살아남는 길이었다.

그래서 나는 생각한다.
삶이 바람 앞에 설지라도
억지로 버티기보다는
흐름 속에서 내 자리 지키는 일이 더 지혜롭다고.

언젠가 나도 갈대처럼
바람에 흔들리되 꺾이지 않고
노을 아래 조용히 노래하는 존재가 되리라.
흙과 물, 바람과 함께 살아온 몸으로
끝내 자연의, 일부가 되리라.

늦깎이 농부 혜성의 말

나는 이제야 안다. 흔들린다고 부러지는 건 아니란 걸.
바람에 몸을 맡길 줄 알 때 비로소 뿌리는 더 깊어지더라.

30. 늦깎이 농부의 가을 노래

이른 새벽 밭고랑을 걷네서리,
내린 잎새를 쓰다듬으며한
알 한 알 손끝에 담긴
봄날의 땀을 떠올린다.

도시의 빌딩 숲을 지나
흙을 만나 살아온 날들
어설픈 손길에도 묵묵히
자연은 길을 내어 주었다.

황금빛 들판이 물결치고
배추와 무가 속을 채울 때
고된 노동의 피로마저
수확의 기쁨으로 녹아든다.

가을이 가고 겨울이 와도
농부의 길은 끝나지 않으리
다시 땅을 갈고 또, 심으며
새로운 봄을 기다리리.

늦깎이 농부 혜성의 말

가을의 결실은 내 손의 수고만이 아니라 흙과 계절이 함께 빚어낸 선물이었다.
나는 오늘도 배운다. 끝은 또 다른 시작이며, 농부의 길은 계절처럼 이어진다는
것을.

겨울

고요함과 회상의 계절

31. 첫눈이 내리는 날

올 한 해도 쉼 없이 달려왔다. 봄이 오기 전부터 땅을 일구고, 씨를 뿌리고, 여름의 뜨거운 햇살 아래 구슬땀을 흘리며 가꿨다. 가을이 오면 수확의 기쁨도 잠시, 바쁘게 거두고 정리하느라 몸이 고단했다. 그렇게 쉼 없이 흘러온 시간 속에서 농부의 삶은 언제나 자연의 흐름을 따라 흘러갔다. 그러던 어느 날, 차가운 바람이 부는 하늘에서 첫눈이 내리기 시작했다. 올해의 마지막 농사일을 마무리하고 난 뒤 맞이하는 첫눈은 유독 반갑고 애틋하다. 바쁜 농사철에는 한 번도 멈추지 않았던 손길이, 눈을 바라보는 순간만큼은 잠시 쉬어 간다. 차가운 공기 속에서 하얀 눈송이가 조용히 내려앉는 모습을 보며 마음도 한결 가벼워진다. 첫눈은 단순한 계절의 변화가 아니다. 농부에게는 새로운 시작을 준비하는 시간의 신호다. 쉼 없이 달려온 몸과 마음을 돌보고, 내년 농사를 위해 다시 한 번 계획을 세우는 때다. 논과 밭이 잠시 숨을 고르듯, 나도 잠시 여유를 가지며 지나온 시간을 돌아본다.

내년에도 좋은 땅을 만들기 위해, 더 나은 농사를 짓기 위해 무엇을 보완해야 할지 생각해 본다. 올해는 어떤 작물이 잘 자랐고, 어떤 부분이 부족했는지 곰곰이 떠올리며, 더 나은 방법을 고민해 본다. 농사는 언제나 배우는 과정의 연속이다. 자연과 함께하며, 땅의 소리에 귀 기울이며, 한 해 한 해 더 나은 농부가 되어간다. 첫눈이 내리는 날, 이 모든 생각들을 가슴에 품으며 따뜻한 방 안에서 금화규 차 한 잔을 마신다. 몸은 비로소 쉴 수 있지만, 농부의 마음은 이미 내년 봄을 향해 나아가고 있다. 올 한 해도 수고 많았다고 스스로를 다독이며, 다가올 계절을 향한 희망을 품어본다. 이렇게 자연은 흐르고, 농부의 삶도 이어진다. 겨울은 끝이 아니라, 다시 시작될 봄을 위한 준비의 시간이다. 하얗게 덮인 들판을 바라보며, 나도 다시 한 번 마음을 새롭게 다잡아 본다.

- 첫눈 오는 날

한 해를 묵묵히 걸어온 두 손,
굳은 땅을 일구고 씨를 뿌렸네.
태양 아래 땀방울 심으며
바람 따라 수확의 기쁨을 누리네.

마침내 첫눈이 조용히 내려
거친 들판도 숨을 고른다.
고된 손마디 스미는 찬 바람이
오늘은 유독 따뜻하게 느껴지네.

한 알의 씨앗을 품던 마음처럼
첫눈도 새로운 약속을 하네.
멈추지 않는 계절의 흐름 속에
농부는 또다시 봄을 꿈꾼다.

이 겨울이 지나고 봄이 오면
더 깊은 뿌리로 땅을 품으리라.
첫눈을 맞으며 다짐하네,
다시 자연과 함께하리라.

늦깎이 농부 혜성의 말

첫눈이 내리면, 비로소 한 해가 끝났음을 실감한다.
봄부터 달려온 길을 돌아보면, 땀방울 속에 기쁨도,
아쉬움도 함께 담겨 있다.
들판이 눈으로 덮이듯 내 마음도 잠시 고요히 가라앉는다.
그러나 이 고요는 끝이 아니라 내년을 위한 약속이다.
겨울은 쉼이자 준비다.
눈 속에 묻힌 씨앗처럼 내 마음도 다시 힘을 품는다.

32. 겨울 밭에 서서

눈 덮인 밭,
고요 속에 하얀 이불을 덮은 듯
땅은 잠든 것처럼 보이지만
그 속에서는 이미 약속이 자라난다.

농부의 발자국이
포근한 눈 위에 길을 내고,
그 길은 다시 새봄을 향해 이어진다.

멈춘 듯, 고요한 듯 보이는 겨울,
그러나 씨앗은 어둠 속에서도
새 생명의 맥박을 간직한 채
조용히 봄을 준비한다.

나는 차가운 들녘 한가운데 서서
쉼조차도 삶의 일부임을 배운다.
겨울은 끝이 아니라,
다음 계절을 위한 가장 깊은 숨이다.

늦깎이 농부 혜성의 말

겨울은 고요한 쉼이자 약속이다.
멈춘 듯 보여도 흙은 이미 새 생명을 품고 있으며,
농부는 눈 위에 남긴 발자국으로 다가올 봄의 희망을 그려 나간다.

33. 한겨울의 따뜻한 기억

한겨울 농촌의 새벽은 고요하다. 밤새 내린 눈이 마당을 덮고, 닭장 옆 장작더미에도 하얀 솜이불이 덮인 듯하다. 숨을 내쉴 때마다 피어나는 하얀 입김을 바라보며, 나는 장갑을 단단히 끼고 비닐하우스로 향한다.

늦깎이 농부로 살아온 지도 몇 년 차. 농사의 고된 일보다도 마음을 더 무겁게 했던 것은 변화하는 계절 속에서 지나간 세월이 떠오를 때였다. 하지만, 한겨울에도 여전히 내 손길을 기다리는 땅이 있고, 따뜻한 온기를 품은 생명들이 있다.

비닐하우스 안으로 들어서자, 차가운 바깥 공기와는 달리 온기가 감돈다. 푸릇푸릇한 잎들이 촉촉한 이슬을 머금고 반짝이고, 정성껏 키운 배추들이 땅속에서 단단히 뿌리를 내리고 있다. 겨울 속에서도 이렇게 따뜻한 생명의 온기가 살아 있음을 느끼는 순간, 나는 이곳이 참 고맙고 소중하다.

언젠가 농사를 처음 시작했을 때를 떠올린다. 손에 흙 묻히는 것이 익숙하지 않았고, 자연의 법칙을 몰라 실수도, 많았다. 하지만 이 땅은 인내를 가르쳐 주었고, 계절의 순리를 받아들이는 법을 알게 했다. 그리고 무엇보다도, 이 땅과 함께하며 내 마음도 점점 더 단단해졌다.

한겨울이면 떠오르는 따뜻한 기억이 있다. 추운 날, 언 손을 호호 불며 이웃 농부들과 모닥불을 피워놓고 두런두런 이야기를 나누던 밤들. 김장을 하며 서로의 손길이 바쁘게 오가던 날들. 어느 해 겨울, 배추 수확이 늦어져 걱정하고 있을 때, 멀리, 사는 친구가 일부러 찾아와 함께 땀을 흘려주던 순간들. 지금, 이 순간도 마찬가지다. 한겨울의 바람은 차갑지만, 내 마음을 감싸는 기억들은 언제나 따뜻하다. 농부로 살아온 세월 속에서 얻은 가장 큰 선물은 바로 그 따뜻한 마음들이 아닐까.

오늘도 나는 한겨울의 찬 공기 속에서 작은 온기를 찾아간다. 비닐하우스 속 푸른 생명들, 모락모락 피어나는 연기 속에 나누던 온정, 그리고 지나온 시간 속에서 차곡차곡 쌓여온 따뜻한 기억들. 겨울이 깊어갈수록, 내 마음속에도 더 많은 따뜻한 기억이 쌓여간다. 그리고 나는 이 기억, 들을 오래도록 간직하며 살아갈 것이다.

- 한겨울의 따뜻한 기억

눈 덮인 밭을 지나
이른 새벽 비닐하우스로 향하면
찬 바람 속에서도
내 손끝엔 따뜻한 흙이 스민다.

얼어붙은 땅 아래
고요히 숨 쉬는 배추들,
꽁꽁 언 손바닥 위에도
언젠가 피어날 푸른 희망.

낮은 태양이 떠오르면
얼었던 대지가 조금씩 풀리고
김장하던 날, 장작불 피우던 밤
그때의 따뜻한 온기가 되살아난다.

한겨울의 바람은 매섭지만
함께 땀 흘리던 이웃들,
두 손 모아 기도하듯 심었던 씨앗들
그 마음이 있어 춥지 않다.

흙을 만지고, 바람을 맞으며
나는 배운다.
겨울이 깊어질수록
봄은 더욱 가까워진다는 것을.

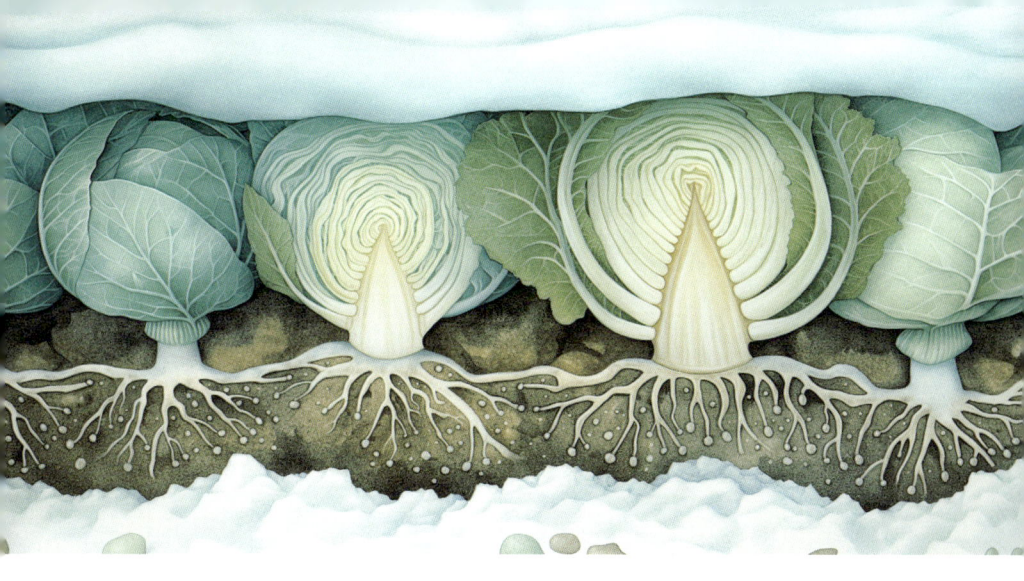

늦깎이 농부 혜성의 말

겨울 밭은 얼어 있어도 그 속엔 이미 봄이 자라고 있다.
손끝이 시려도 흙을 만질 때마다 내 마음은 따뜻해진다.
기다림 끝에 오는 계절, 그것이 농부의 믿음이다.

34. 눈 속에 묻힌 시간

밤새 눈이 내렸다. 새벽 공기가 싸늘하지만, 들판 위에 내려앉은 하얀 눈은 마음, 까지 깨끗이 씻어주는 듯하다. 언 땅 위로 발을 내딛자 뽀드득 소리가 나고, 저 멀리 들녘의 빈 이랑도 눈 속에 고요히 잠겨 있다. 나는 장갑 낀 손으로 눈을 가만히 쓸어본다. 차갑지만 어딘가 따뜻한 이 느낌. 문득 아주 오래전 한 겨울날이 떠오른다.

60년 전, 초등학교 겨울방학이 시작되던 날이었다. 고향 마을도 하얀 눈으로 덮였고, 아이들은, 눈싸움을, 하며 깔깔거리며 뛰어다녔다. 나는 짝꿍이었던 황희정(가명)이와 함께 눈사람을 만들었다. 작은 손으로 차곡차곡 눈을 굴려 커다란 몸통을 만들고, 버려진 나뭇가지를 주워 눈사람의 팔을 붙였다. 장난기 가득한 희정이는 얼어붙은 냇가에서 주워온 돌멩이로 눈사람의 눈을 만들며 내게 활짝 웃어 보였다. "우리 눈사람, 봄까지 버틸 수 있을까?" 그때의 나는 아무 대답도 하지 못했다. 그저 손을 호호 불며 완성된 눈사람을 바라볼 뿐이었다.

그렇게 겨울이 지나고, 우리는 다시 개학을 맞이했다. 봄이 오자 눈사람은 어느새 사라졌고, 우리도 성장하면서 각자의 길을 걸었다. 세월이 흐르고, 희정이와 나는 다른 곳에서 살아가며 연락이 뜸해졌다. 가끔은 소식을 듣기도 했지만, 어느 순간 완전히 연락이 끊기고 말았다.

이제 나는 들판 한가운데 서서, 눈 속에 묻힌 그 시절을 떠올린다. 어디선가 황희정이도 나처럼 눈을 바라보며 그날을 기억하고 있을까? 혹시 그때처럼 눈사람을 만들며 웃고 싶지는 않을까? 60년의 세월이 흐른

지금도, 나는 그 짝꿍이 어떤 곳에서든, 건강하게 지내고 있기를 바란다. 함께했던 겨울날이 눈 속에 깊이 묻혔지만, 그 기억은 여전히 내 가슴속에서 반짝인다.

　나는 눈을 한 움큼 쥐었다가 조용히 내려놓는다. 언젠가 다시 희정이와 마주할 날이 온다면, 우리는 또다시 아이처럼 눈사람을 만들며 깔깔 웃을 수 있을까? 바람이, 불어 들판 위 눈발이 흩날린다. 그 속에서, 그 시절의 웃음소리가 들려오는 듯하다.

- 눈 속에 묻힌 시간

하얀 들녘을 밟아보니
옛 기억이 스며드네
손끝에 닿는 차가운 눈
그날처럼 반짝인다.

작은 손 맞잡고서는
눈사람을 빚던 날들
뽀드득, 웃음 섞인 길
어디쯤에서 멈췄을까.

겨울 가고 봄이 오면
눈사람도 사라졌듯
그대도 어느, 새 먼 길로
흔적 없이 흩어졌네.

긴 세월 쌓인 눈 속에
그리움도 묻혔지만
어느 하늘 아래서든
그대 또한 나를 기억할까.

늦깎이 농부 혜성의 말

눈은 사라져도 그날의 웃음은 마음에 남는다.
세월이 흘러도 그리움은 눈송이처럼 다시 내 곁에 내린다.

35. 긴 밤을 지나는 별빛

젊은 날, 나는 도시의 불빛 아래서 살아갔다. 시간에 쫓기며 하루하루를 바쁘게 흘려보냈다. 삶은 치열했고, 앞만 보며 달리는 것이 미덕이라 배웠다. 하지만 그 속에서 나는 내가 어디로 가고 있는지조차 잊고 살았다.

그러다 어느 날, 나는 늦깎이 농부가 되었다. 땅을 일구며 살아가는 것이 어쩌면 내게 남은 마지막 길이라고 생각했다. 새벽녘 이슬을 맞으며 밭으로 나가고, 땅속에서 자라나는 생명의 힘을 손끝으로 느끼는 일. 그것이 내 하루가 되었다.

그러나 농사의 길도 결코, 쉽지 않았다. 뜻대로 자라지 않는 작물 앞에서 한숨을 내쉬고, 예상치 못한 가뭄과 폭우에 애태우기도 했다. 때론 깊은 밤, 홀로 마당에 서서 하늘을 바라보곤 했다. 그럴 때면 머리 위로 수많은 별들이 반짝였다.

별빛은 조용히 흐르고 있었다. 아무런 말도 없이, 다만 빛나고 있었다. 도시에서 살 때는 별을 본 기억이 없다. 밤하늘을 올려다볼 여유도 없이 살았던 것이다. 그런데 이제서야 알았다. 별빛은 언제나 그 자리에 있었다는 것을. 다만 내가 보지 못했을 뿐.

그 별빛을 보며 생각했다. 내 삶도 마찬가지가 아닐까. 너무 늦었다고 생각했던 순간들이 사실은 내게 가장 필요한 시간이었던 것은 아닐까. 한참을 돌아와 이제야 땅을 밟고, 하늘을 바라보며, 나다운 삶을 살아가고 있는 것은 아닐까.

긴 밤을 지나는 동안에도 별빛은 사라지지 않는다. 다만 흐릿한 구름에 가려질 뿐이다. 하지만 언젠가 구름이 걷히면, 우리는 다시금 그 빛을 발견하게 된다.

나는 오늘도 별빛을 따라간다. 내가 걸어온 길이 멀고 돌아왔다고 해도, 그 빛이 끝내 나를 비춰줄 것이라 믿으며.

- 긴 밤을 지나는 별빛

한때는, 몰랐다
땅이 숨 쉬는 소리,
새벽이 품은 이슬의 무게를.

흙 속에 묻힌 씨앗처럼
나는 늦게야 깨달았다.
인생도 기다림이 필요하다는 것을.

어둠이 깊어도,
하늘엔 별이 있다.
보이지 않아도 거기서 빛나고 있다.

땅을 일구며 배우는 것,
속도가 아닌 방향을 택하는 일.
마음이 가야 할 곳을 찾는 일.

긴 밤을 지나야.
별이 더 또렷이 보이듯 나는 지금,
나의 길을 걷는다

늦깎이 농부 혜성의 말

늦게 씨를 뿌려도 흙은 묵묵히 품어주고, 시간은 언젠가 열매로 답한다. 내 삶도
그러하리. 비록 늦었어도 오늘의 걸음이 내일의 결실이 된다.

36. 겨울 볕이 스며드는 순간

차가운 바람이 옷깃을 스치고
땅은 얼어 단단해졌지만,
나는 여전히 이 땅을 만진다.

손끝에 닿는 흙의 감촉이
조금씩 내 마음을 녹인다.

한참을 일하다 고개를 들면
겨울 볕이 살며시 스며든다.
비닐하우스 창을 넘어
서리, 내린 잎사귀 위로
따뜻한 숨결이 내려앉는다.

겨울에도 볕은 빛을 내고
땅속에서도 생명은 자란다.
한 줌의 햇살을 품고
얼었던 마음도
조금씩 풀려간다.

오늘도 나는 이곳에서
작은 희망을 지켜간다.
겨울 볕이 스며드는 순간,
이 땅 위에 따뜻함이 피어난다.

늦깎이 농부 혜성의 말

겨울 땅은 얼어 있어도 볕이 스며들면 마음도 풀린다.
작은 햇살 하나가 오늘의 희망이 되고, 농부의 손끝은 그 빛을 믿는다.

31. 겨울이 품은 희망

차가운 바람이 대지를 스쳐도 흙은 묵묵히 그 자리를 지킨다.
겉으론 메마르고 얼어붙은 듯 보여도
그 깊은 품 안에는 여전히 작은 숨결이 살아 있다.

눈 속에 묻혀 보이지 않는 씨앗 하나,
그 작은 존재가 봄을 향한 꿈을 간직하고 있다.
농부는 그것을 안다.
눈에 보이지 않아도, 소리가 들리지 않아도,
땅은 스스로의 때를 기다리며
새 생명을 준비한다는 것을.

겨울은 끝이 아니다. 모든 것을 멈추게 하는 장막이 아니라,
다시 시작될 계절을 품는 고요한 품이다.
흙은 침묵 속에서 길러내고,
바람은 차가움 속에서 단단함을 남긴다.
그리고 농부는 그 기다림 속에서
겸손을 배우고, 희망을 배운다.

눈 덮인 들판을 바라보며 나는 마음속으로 속삭인다.
"지금은 멈춘 듯해도,
너는 이미 봄을 향해 나아가고 있구나."
겨울이 길수록, 그 속에서 움트는 희망은 더욱 깊어진다.
봄은 멀리 있는 것이 아니라
이미 이 고요한 흙 속에서 숨 쉬고 있다.

늦깎이 농부 혜성의 말

찬 바람 불어와도 땅은 가만히 숨을 고른다.
마른 들판, 얼어붙은 밭 모든 것이, 멈춘 듯 보여도 흙 속 어딘가,
씨앗 하나 보이지 않는 꿈을 품고 있다. 아무것도 자라지 않을 것 같아도 흙은 조
용히 품고 있다 때가 오면 싹을 틔울 것을 농부는 안다, 기다릴 뿐이다.
겨울은 끝이 아니라 희망을,
품는 계절. 눈 덮인 밭을 바라보며 나는 오늘도 봄을 꿈꾼다.

38. 찬 바람 속에서 움트는 것들

겨울 들판에 서면 모든 것이 멈춘 듯하다.
앙상한 나뭇가지는 흔들리고,
밭의 흙은 단단히 얼어붙어
쓸쓸한 바람만이 대지를 스쳐간다.

그러나 나는 안다. 이 차가운 바람 속에서도
씨앗들은 땅속 깊은 곳에서
새봄을 준비하며 조용히 숨 쉬고 있음을.
겉으론 고요해 보여도 이미 생명은 움트고 있다.

농부는 서두르지 않는다.
겨울이 있어야 봄이 오고,
인내가 있어야 결실이 있음을 오랜 세월 배웠기 때문이다.
매서운 바람조차 씨앗을 단단하게 하고 뿌리를 깊게 만든다.

사람의 삶도 그렇다.
젊은 날의 열정이 잦아들고,
꿈들이 잔설 속에 묻힌 듯 보여도
그 안에서는 희망과 깨달음, 더 깊은 마음이 자라나고 있다.

나는 오늘도 들판에 서서 찬 바람을 맞는다.
겨울이 지나야 봄이 오듯,
이 고요 속에서도 새로운 생명은 이미 움트고 있다.

늦깎이 농부 혜성의 말

겨울의 바람은 차갑지만, 그 속에서도 씨앗은 자란다. 삶도 그렇다.
겉으론 멈춘 듯 보여도 보이지 않는 곳에서 희망은 이미 움트고 있다.

39. 얼음 속에 갇힌 강물처럼

겨울 강가에 서면, 얼음에 뒤덮인 수면이 나를 비춘다. 겉으로는 모든 것이 멈춘 듯 고요하지만, 그 속 깊은 곳에서는 여전히 흐름이 멈추지 않는다. 얼음 아래의 강물처럼, 삶 또한 겉으로는 정지한 듯 보여도 내면의 흐름은 끊임없이 이어지고 있다.

들녘도 다르지 않다. 얼어붙은 흙, 마른 바람에 쏠린 이랑은 정적 속에 잠긴 듯 보인다. 그러나 그 땅속 깊은 곳에서는 씨앗이 눈에 보이지 않는 호흡으로 봄을 준비한다. 멈춤은 끝이 아니라 기다림이며, 침묵은 소멸이 아니라 다음 생명을 위한 숨 고르기다.

농부의 손길도 겨울에는 잠시 멈춘다. 그러나 멈춤 속에서도 농부의 마음은 여전히 뜨겁다. 가진 것 많지 않아도 흙 한 줌, 땀 한 방울이 내 삶을 지탱해 왔다. 그것이야말로 삶의 진실이자, 겨울을 견디는 힘이다.

철학은 종종 우리에게 묻는다. "멈춘 듯한 순간에도 진정한 변화가 일어나고 있음을 믿을 수 있는가?" 얼어붙은 강물은 흐름을 감추었을 뿐 멈춘 것이 아니며, 씨앗은 어둠 속에서야 비로소 깊이 뿌리내린다. 인간의 삶도 그렇다. 좌절과 고독 속에서도 희망은 땅속에서 움트고, 기다림 속에서 성장은 시작된다.

봄바람이 불어올 날, 강물은 다시 흐르고 땅은 풀려 새로운 생명을 내어줄 것이다. 그때 나는 다시 흙을 움켜쥐고 씨를 심으리라. 삶의 진정한 풍요는 속도에 있지 않고, 멈춤과 기다림을 통과한 자만이 누릴 수 있는 깊이에 있다.

- 얼음 속에 갇힌 강물처럼

겉으론 고요히 얼어붙어도
속 깊은 곳 흐름은 멈추지 않는다.
강물은 얼음에 갇힌 듯 보이지만
보이지 않는 곳에서 길을 만든다.

겨울 들녘,
마른 바람 스치는 밭고랑 아래
씨앗 하나 조용히 숨 쉬며
봄의 기척을 기다린다.

농부의 손길 잠시 멈추어도
가슴속 뿌리는 여전히 뜨겁다.
흙 한 줌, 땀 한 방울
그것이 삶을 지켜온 진실.

봄바람 불어오는 날
강물은 다시 흐르고
굳은 땅은 부드러워져
새 생명을 품으리.

겨울은 끝이 아니다.
침묵 속에서 자라는 희망,
얼음 속에 갇힌 강물처럼
나 또한 흐르고 있다.

늦깎이 농부 혜성의 말

"겨울은 멈춤이 아니라 기다림입니다.
얼음 속 강물도 흐르고, 땅속 씨앗도 숨 쉬듯
내 삶도 조용히 자라고 있음을 믿습니다."

40. 겨울이 품은 고요

겨울이 깊어지면 세상은 마치 멈춘 듯 고요해진다. 밭은 단단히 얼어붙어 농부의 손길조차 잠시 머물 수 없고, 나무는 앙상한 가지로 하늘을 향해 서 있을 뿐이다. 바람은 스쳐 지나가고, 눈은 이랑 위에 차곡차곡 쌓인다. 이 정적 속에서 나는 오히려 안도한다. 자연이 멈추는 이 순간은 끝이 아니라, 다음을 준비하는 숨 고르기이기 때문이다.

나는 눈 덮인 들판을 바라보며 어린 날을 떠올린다. 친구와 함께 달리던 길, 맨발로 눈밭을 헤치며 뛰놀던 기억. 썰매를 타고, 눈사람을 만들며 시간 가는 줄 모르던 그때는 추위도 어둠도 두렵지 않았다. 웃음소리가 눈발에 묻히고, 발자국은 금세 사라졌지만, 그 순간의 기쁨은 여전히 내 안에서 반짝이고 있다.

세월이 흘러 이제는 황혼의 들판을 걷는 농부가 되었지만, 눈 내리는 저녁이면 나는 옛 이름을 불러본다. 이미 멀리 떠나간 이의 이름, 그리고 어린 날의 나 자신. 발자국은 사라졌어도 마음속 길은 아직 선명하다. 그것은 세월이 아무리 깊은 눈으로 덮어도 지워지지 않는 길, 내 삶의 뿌리가 놓인 자리다.

겨울은 우리에게 묻는다. "멈춤은 곧 끝인가?" 그러나 나는 안다. 겨울의 침묵은 사라짐이 아니라 기다림이고, 고요는 죽음이 아니라 새봄을 품은 약속이라는 것을. 얼어붙은 땅속에서도 씨앗은 호흡하고, 얼음 아래 강물은 여전히 흐르듯, 인간의 삶도 겉으로 멈춘 듯 보일 때조차 내면에서 자라고 있다. 희망이든, 깨달음이든, 혹은 더 단단해진 마음이든 말이다.

겨울은 계절의 마지막이 아니라, 삶을 돌아보고 새 계절을 준비하는 시작의 문턱이다. 나는 눈 내리는 들판 위에서 멈춰 서서, 지나온 시간을 되새기며 다가올 봄을 기다린다. 그것이 늦깎이 농부의 겨울 이야기이며, 내 인생이 가르쳐 준 철학이다.

늦깎이 농부 혜성의 말

"겨울의 고요는 끝이 아니라 기다림입니다.
눈 속에서도 씨앗은 호흡하고, 침묵 속에서도 삶은 자라납니다.
나는 오늘도 멈춤을 두려워하지 않습니다.
그 안에 이미 봄이 숨 쉬고 있음을 믿기 때문입니다."

흙에 심고, 땀에 적시고, 마음으로 거둔다.
늦깎이 농부의 삶은 비록 늦게 시작했으나,
가장 진실한 행복을 거두어들이고 있다.

감사의 글

『늦깎이 농부, 사계절 일기』를 마무리하며 농부의 길을 걸으며 배운 것은 흙이 주는 가르침이었습니다.어떤 날은 씨앗을 뿌리며 희망을 품었고, 어떤 날은 가뭄과 태풍 앞에서 마음을 졸였습니다. 때로는 땀 흘린 만큼 결실을, 맺어 기쁨을 누렸고, 때로는 예상치 못한 시련 속에서 겸손을 배웠습니다.그렇게 자연과 함께한 세월이 쌓여 이제야 비로소 삶의 이치를 조금씩 깨닫게 되었습니다.

이 책에 담긴 글들은 단순한 농사일의 기록이 아닙니다. 흙을 일구며 터득한 삶의 지혜, 계절의 변화 속에서 느낀 기쁨과 깨달음, 그리고 무엇보다 자연이 들려준 겸손과 감사의 이야기들입니다.

봄에는 씨앗을 뿌리며 기다림을 배웠습니다. 새싹이 움트는 모습을 보며, 우리 삶도 작은 희망으로 시작됨을 깨달았습니다.

여름에는 뜨거운 태양 아래 땀을 흘리며 인내를 배웠습니다. 잡초와의 싸움, 가뭄과 폭우 속에서도 꿋꿋이 뿌리를 내리는 작물처럼, 우리도 어려움을 견뎌야 성장할 수 있음을 알게 되었습니다.

가을이 되면 황금빛 들녘을 바라보며 감사함을 배웠습니다. 수확의 기쁨이 있기까지 얼마나 많은 시간과 노력이 필요했는지를 되새기며, 삶도 마찬가지로 한순간의 결실이 아닌 오랜 정성과 기다림의 결과임을 깨달았습니다.

그리고 겨울이 오면 잠시 멈추어 지나온 길을 돌아보며 쉼과 사색의 시간을 가졌습니다. 텅 빈 들판 같아 보여도, 땅속에서는 새로운 생명을 준비하는 자연처럼, 우리의 삶도 조용한 기다림 속에서 다음 계절을 준비해야 한다는 것을 배웠습니다.

이제 제 삶도 늦가을을 지나 겨울의 문턱에 서 있습니다. 그러나 겨울이 끝이 아니듯, 남은 시간도 흙과 바람을 벗 삼아 조용히 걸어가려 합니다.이 책을 읽는 모든, 분들이 자연의 순리를 마음에 새기고, 바쁜 일상, 속에서도 작은 변화에서 삶의 의미를 발견할 수 있기를 바랍니다.

끝으로, 농부의 삶을 이해하고 함께 공감해 주신 모든. 분들께 깊은 감사를 전합니다.흙을 사랑하는 마음이, 그리고 자연과 함께하는 삶이 이 글을 통해 조금이나마 전해졌다면 더할 나위 없이 기쁘겠습니다.

2025년 11월

늦깎이 농부 혜성

늘깎이 농부의
사계절 일기

글쓴이 : 채희석

- 육군 제3사관학교 졸업(5기)
- 충북대학교 행정대학원 졸업(행정학석사)
- 고려대학교 공학대학원 도시개발 최고위 과정 수료
- 고려대학교 행정대학원 최고위 과정 수료
- 충북대학교 전문농업인 최고경영자과정 수료

(주)오성 부동산 컨설팅 대표 역임

현 혜성농원 대표

이메일 : estaein@korea.com

초판인쇄 : 2025년 11월 10일

펴낸곳 : (주)제이비크리에이티브

펴낸이 : 채희석(혜성)

편집 : 김영하

디자인 : 고태연 (소솜)

주소 : 경기도 수원시 영통구 반달로7번길 40 409

ISBN : 979-11-992494-1-7